Merci,

à Michèle, ma compagne de toujours, dont la force de caractère et la tendresse m'ont toujours aidé à surmonter les moments difficiles.

à Céline, notre fille, et à Nicolas, son ami, pour leur travail de saisie du manuscrit.

à Bruno, notre fils, pour la photo de l'auteur devant l'affût.

Je dédie cet ouvrage à tous les naturalistes encore et toujours marginalisés pour leurs idées qui, tous les jours, s'investissent pour tenter, contre vents et marées, de sauver ce qui peut encore l'être d'un système économique qui continue de prôner la consommation outrancière au détriment des équilibres naturels régissant la biodiversité de notre planète...

Sommaire

Avant propos

À l'heure où les décideurs s'évertuent à trouver des remèdes pour maîtriser la déliquescence économique et sociale dans les pays industrialisés, le naturaliste s'interroge sur l'avenir de notre planète. Face à une démographie toujours croissante, encouragée à tort pour des raisons économiques, la nature se vide de ses substances, s'essouffle et s'asphyxie.

La situation ne cesse de se dégrader. À travers la presse spécialisée et de trop rares émissions télévisées, les scientifiques interpellent les hommes politiques en les suppliant presque de prendre des mesures drastiques pour éviter une catastrophe écologique sans précédent dans l'histoire humaine. En vain ! C'est du moins l'impression qui se dégage des velléités qui visent à maîtriser cette fuite en avant qui nous mènera indubitablement au suicide collectif.

Des propos choquants dont l'argumentation dans mes précédents ouvrages avait jadis froissé des consciences naïvement optimistes, aujourd'hui contraintes d'accepter la triste réalité. La politique beaucoup trop humanitaire des pays développés, basée sur des valeurs morales aujourd'hui de plus en plus contestées, favorise l'émergence de la délinquance, crée et entretient un climat d'insécurité qui demain nous mènera à la guerre civile. Pour preuve, à l'heure où j'écris ces lignes, la radio relate les affrontements qui ont eu lieu à la Courneuve le 14 juillet 2005, journée de commémoration de notre fête nationale, entre les fossoyeurs de nos institutions et les force de l'ordre.

Pour faire accepter et maîtriser l'inévitable érosion de notre soi-disant bien-être façonné par la consommation, il nous faudra rétablir l'autorité ! Une autorité que la génération d'après guerre a bien été obligée de subir et reconnaître pour produire les efforts réclamés par l'ascendance économique et sociale que notre pays a connue pendant quarante ans ! Empreinte du culte de l'élitisme, comment pourrait-elle accepter les préceptes sans foi ni loi d'une partie de notre société devenue minimaliste, cultivant l'appauvrissement culturel à travers l'érosion identitaire.

Oui, rétablir l'autorité, que ce soit dans la cellule familiale qui doit être le berceau de l'amour mais également de la fermeté, dans le milieu scolaire ou professionnel. Sans doute également réinstaurer un programme d'éducation civique basé sur lesdites valeurs morales d'où ressusciteraient non seulement le respect, d'abord de soi-même, puis d'autrui et de ses biens, mais également le goût de l'effort et la considération de toutes autres formes de vie comme si elles étaient indispensables à la nôtre !

Réduire d'urgence la démographie mondiale, repenser les concepts économiques et sociaux, gérer et partager les richesses naturelles et surtout réapprendre à vivre en symbiose avec notre environnement naturel. Voici quelques remèdes qui pourraient générer quelqu'espoir de survie à l'espèce humaine et, en corollaire, à toutes les formes de vie, aujourd'hui plus que jamais menacées d'extinction. Ces formes de vie aux multiples facettes dont seuls quelques naturalistes perçoivent, malheureusement, l'irrésistible déclin au fil des sorties.

D'abord dans le Ried de la Bruche, aujourd'hui englouti par l'urbanisation et l'industrialisation, puis dans la forêt de Haslach, devenue un désert cynégétique, enfin dans les collines calcaires de plus en plus érodées par une viticulture extensive et la spéculation immobilière. Ainsi le naturaliste se sent de plus en plus refoulé vers les derniers coins de paradis, souvent d'inaccessibles versants où dans l'ombre des pessières, palpite encore le cœur d'une vie secrète et sauvage. Pour combien de temps ?

Un écosystème lui aussi de plus en plus fragilisé par un tourisme envahissant et une exploitation forestière dont les concepts de rentabilité écorchent en permanence l'image de la biodiversité qui devrait s'y épanouir. Le lecteur appréciera la gravité de la situation en comparant les réalités du terrain avec les images de cet ouvrage, appartenant pour beaucoup au passé, rehaussées par des anecdotes parfois étonnantes, toutes véridiques, que nos enfants n'auront certainement plus la chance de vivre dans la nature.

À cause de notre égoïsme destructeur...

L'ampleur des dégradations perpétrées depuis le début des années soixante ne peut qu'exacerber le pessimisme. Une morosité grandissante qui demain fera tomber le crépuscule sur la Bruche...

Bruno et Céline.
La découverte de la vie...

Refoulés du Ried,
du vignoble…

Lorsqu'en 1985 l'occasion se présenta de quitter Molsheim et le Ried de la Bruche pour un horizon plus proche des Vosges, le choix fut immédiat. Pour des raisons d'existence plus décente et plus symbiotique avec l'environnement naturel, le sentier de la vie nous mena à Rosenwiller, sur le parvis ouest d'une colline calcaire voisine du Rangenberg et du Dreispitz, renommée pour ses curiosités florales, le Holiesel.

Adossée à un petit bois d'une dizaine d'hectares, notre maison m'offrait des possibilités d'observation d'une faune et d'une flore - voir le chapitre « Une clairière » - que le modernisme avait depuis longtemps éradiquées des zones inondables de la Bruche.

Une belle harde de chevreuils profite des rayons bienfaisants du soleil printanier. Image idyllique d'un passé lointain...

<< Dans le sous-bois des collines calcaires, elle figure parmi les messagères du printemps ; l'hépatique, ainsi nommée pour la configuration de ses feuilles en forme de foie.

< Fleur symbole de la pelouse calcaire qui domine notre demeure ; l'anémone pulsatille ou coquelourde.

Menacé d'extinction dans la plaine, le lièvre brun reste bien représenté dans les collines calcaires, malgré l'omniprésence du renard.

Un des derniers souvenirs marquants de ce Ried était ce petit trou d'eau ceint de typhas et de saules marsault, la dernière mare offrant des conditions de vie à une aquafaune partout ailleurs refoulée par les routes et les zones industrielles.

L'idylle que je partageais avec Éric Nicolas, un alsacien d'adoption, voisin d'appartement, auquel j'avais transmis le virus de la chasse photographique à travers mes projections, ne pouvait pas durer. Nous le savions, forts de ce que nous avions vécu ailleurs, et profitions de chaque moment d'ensoleillement pour nous mettre à l'affût et essayer d'immortaliser les derniers souffles de la vie sauvage qui jadis animait les marécages de la Hardt entre Molsheim et Dachstein-gare.

Par suite de l'assèchement des prés humides de la Hardt entre Molsheim et Dachstein-gare, cet ultime trou d'eau était devenu le poumon de tout un écosystème que l'homme égocentrique n'a pas su préserver; vanneau huppé.

Surpris en train d'explorer une souille ; maître Goupil.

Farouche et très discrète, la faisane n'aime pas s'aventurer en terrain découvert.

Inféodée aux vasières qu'elle fouille avec son bec effilé ; la bécassine des marais.

Proche cousin du rat musqué, le surmulot profite également de la surélévation de terre bordant le marais pour y élever sa progéniture.

*Visiteuse régulière du petit trou d'eau
où elle chasse les moustiques ;
la bergeronnette grise.*

*Sur le point de s'émanciper, mais toujours
nourri par un couple de rousserolles
effarvattes, ses parents adoptifs ;
un jeune coucou.*

*Poussin de râle aquatique déjà autonome. Le
seul rescapé de la couvée. Les autres avaient-ils
été prédatés par le putois ou le héron cendré ?*

*Dans le bocage qui entourait la petite dépression,
les saules marsault étaient très recherchés
par la tourterelle des bois qui y nidifiait. Pour
se désaltérer, elle buvait l'eau de la nappe
phréatique, malheureusement déjà polluée.*

Le bonheur fut de courte durée. Vous vous en doutez !

Un jour, garées comme d'habitude dans l'ombre d'une touffe de saules marsault, nos 2 CV manifestaient pacifiquement leur opposition à l'évolution d'un engin chargé de décaper la bonne terre nourricière. Interpellés par l'assourdissant bruit des machines et des camions, nous savions que l'instant était venu de dire adieu à ce Ried qui nous avait procuré tant de bonheur, nourri tant de passion…

Le soleil enflamma une dernière fois la petite roselière, confiant l'existence du petit trou d'eau aux souvenirs qu'évoqueraient plus tard des centaines de moments fugitifs gravés sur la pellicule…

Source de vie pour une multitude d'animaux, le trou d'eau attirait également le héron cendré qui venait régulièrement y prélever sa dîme.

Une dernière fois le crépuscule
enveloppe la petite roselière.
Demain elle sera remblayée...

La copropriété dans laquelle nous résidions avait logiquement, en 1971, supplanté les haies d'aubépines et de prunelliers qui servaient de coupe-vent au vignoble de Molsheim. Mais plus haut, au-delà de la route de Mutzig, les talus qui supportaient les terrasses, tous colonisés par une dense végétation, offraient encore le gîte à une multitude d'oiseaux, aux lapins, loirs et lérots et surtout aux maîtres de lieux : renards et blaireaux.

Combien de fois nos hoquetantes tôles nous ont déposés en bordure de cette jachère envahie de clématites, noisetiers, jesses, vesses et orchidées, pour nous permettre d'observer et photographier des animaux nocturnes aux mœurs secrètes, proches voisins d'humains souvent ignorants ?

Des moments de plénitude qu'aucune émission télévisée n'aurait pu nous procurer, tant l'envoûtement provoqué par les lucioles, les grillons, les criquets et les sauterelles, était prenant. Sans parler des senteurs que répandaient les arbustes en fleur harmonieusement mêlés aux arbres cultivés dont les fruits, tombés à terre, suscitaient une telle convoitise, qu'après quelques minutes d'hésitation à la sortie des terriers, elle estompait la peur de l'humain et de son flash.

Malgré son plumage chatoyant, le faisan de Colchide sait remarquablement bien se dissimuler dans l'épaisse végétation des terrains en friche.

Il est certainement l'animal qui paie le plus lourd tribut à notre réseau routier. Et pourtant, ses effectifs restent stables; renard roux.

Refoulé du vignoble, le lapin de garenne a trouvé refuge sous l'épaisse végétation épineuse des terrains militaires.

Il vivait en parfaite cohabitation avec renards et lapins de garenne jusqu'au jour où l'homme décida d'étendre le vignoble. Ils furent tous enterrés vivants... Blaireau.

Un soir, conformément à l'évolution néfaste d'une nature de plus en plus exploitée, des piquets rouge et blanc délimitaient la place où nous garions nos voitures. Un remembrement partiel avait jeté son dévolu sur ce petit paradis sauvage à l'aplomb de la chocolaterie. Des vignes devaient y être plantées...

Quand quelques jours plus tard, depuis le train qui me ramenait en gare de Molsheim, je vis un bulldozer dévaster et niveler toutes les terrasses et enterrer vivants, sans pitié, tous les animaux qui la veille s'ébattaient dans ce hallier, je ne pus m'abstenir de verser quelques larmes ! Pauvres créatures !
Quelques heures auparavant, elles profitaient de la vie, heureuses et insouciantes, dans l'ombre de leur dernier crépuscule...

Le choc fut à la limite du supportable. Mon ami et moi étions consternés et peut-être, pour la première fois, haïssions l'espèce humaine !
Avec la disparition brutale de ces deux écosystèmes, nous prenions encore davantage conscience de l'altération de nos conditions de vie. Une fois de plus, un peu de nature sauvage avait cédé sa place à un incontestable vecteur supplémentaire de pollution. Et nous avions tous les deux des enfants...

En hiver, nous installions une station de nourrissage des oiseaux pour suppléer aux carences alimentaires dues à la raréfaction de leur pitance. Chaque année, c'était l'occasion de photographier ces virevoltantes boules de plumes, autrement tellement fugitives.

Longtemps épargnées par les concepts productivistes, les dernières jachères situées en marge du périmètre militaire protégé, ont, elles aussi, progressivement été emplantées. La vigne a remplacé les haies de cornouillers, d'aubépines et de prunelliers dont les baies nourrissaient la gent ailée. Et quand on sait combien ces haies sont nécessaires pour la nidification et les fruits non tombés en hiver sont salutaires aux oiseaux migrateurs revenus d'Afrique quand les insectes font encore défaut, il est aisé de s'imaginer pour quelles raisons l'avifaune a déserté ces lieux, et qu'il faille traiter les vignes contre toutes sortes de parasites !

Hymne à la glace ! Certes un régal pour le photographe, mais le début de la disette pour les oiseaux qu'il convient alors de nourrir.

Pour accéder aux tendres repousses, le brocard en velours gratte la neige.

À la sortie de l'hiver, le pelage de la chevrette forme des bourrelets qui, progressivement, tombent par touffes, laissant la place à une belle robe rousse.

Commun partout et autre habitué des points de nourrissage en hiver ; le verdier.

Cousin du moineau domestique ; le moineau friquet.

Parmi les plus chamarrés de notre avifaune figure le bouvreuil pivoine.

C'est à partir de la mi-février que le bruant jaune revient de ses quartiers d'hiver du sud de la France.

<∧ Omniprésente dans nos vergers ; la mésange bleue.

∧ Exclusivement insectivore ; la gracieuse mésange huppée.

La beauté de son plumage est à l'image de son merveilleux chant nuptial. Mais quel redoutable prétendant quand il dispute au pic-vert une cavité pour nicher ! Étourneau sansonnet.

Surpris à la traversée du layon ; un brocard.

Jeune renard venant de chaparder une baguette déposée par le garde-chasse à l'intention des sangliers !

Bêtes de compagnie pas très rassurées par la silhouette insolite du bipède dans le layon ! Sangliers.

Encore en pelage cendré, un brocard en velours et une chevrette à la recherche de quelques tendres repousses.

Son bec n'est pas assez puissant pour creuser la cavité dont elle a besoin pour nicher. Alors elle récupère une vieille loge de pic dont elle rétrécit l'ouverture à sa dimension avec du torchis, d'où son nom de sittelle torchepot.

Troglodyte mignon devant son globuleux nid de mousse et de feuilles sèches, coincé entre les tiges d'un noisetier.

Autant il se manifeste bruyamment au printemps, à la période des amours, autant il sait être très discret lorsqu'il élève sa couvée ; le pic-vert.

Une photo peu courante ; l'envol d'un jeune pic-vert.

Plus forestier et plus farouche que son cousin le pic-vert ; le pic cendré.

Nos pérégrinations photographiques nous menaient également dans la forêt de Gresswiller où l'indulgence du chasseur avait favorisé l'épanouissement sans pareil de toute la faune sauvage, chassable ou pas. Un paradis rêvé pour les naturalistes photographes qui se réjouissaient d'avoir trouvé, à proximité de leur nouveau domicile - mon ami s'était également rapproché des Vosges - ce havre de paix où sévissait un des lynx lâchés qu'il me fut donné d'observer une seule fois alors qu'il regagnait le taillis près des deux étangs. Et pour cause... Les chevreuils et les sangliers abondaient tellement que le prédateur, descendu du massif vosgien par la Magel, avait flairé la manne. La régulation des chevreuils se fit naturellement au fil des années, sans l'intervention du Nemrod.

Pie grièche écorcheur mâle au nid. Elle souffre de la disparition des haies dont elle a besoin pour nidifier et de l'épandage des pesticides qui empoisonnent sa nourriture.

Il est le régulateur par excellence des populations de passereaux ; l'épervier d'Europe.

Moment de bonheur dans le riche herbier naturel caressé par la douce lumière crépusculaire. Chevrette.

Rut du chevreuil. Truffe au ras des éteules, un brocard muse une chevrette.

*Sortie du sous-bois ;
une chevrette.*

Vieux brocard dont la malformation du bois gauche n'est pas forcément due à une tare génétique, mais pourrait être d'origine accidentelle pendant la période des velours.

Malheureusement, la forêt privée qui jouxtait celle de Gresswiller et dans laquelle nous avions installé nos affûts pour des raisons de luminosité, changea de forestier. Le nouvel arrivant ne toléra plus nos activités photographiques. Chargé par le propriétaire de réguler le cheptel de sangliers devenus une indéniable source de dégâts dans les prés avoisinants, il nous signifia l'interdiction de fréquenter les lieux. Officiellement pour des raisons de sécurité, moins officiellement pour se débarrasser de ces yeux indiscrets !

Précieuse et délicate ; l'églantine.

Comment résister à cette attitude langoureuse ? Chevrette en robe nuptiale.

Séduit par ces yeux de velours, le prétendant hésite un instant, puis se met sur la trace… Brocard.

Des questions se posent alors, pour la plupart inspirées de faits vécus.
Pour quelle raison les photographes ne sont-ils pas tolérés par bon nombre de forestiers et porteurs de fusil ? Ces derniers transgresseraient-ils parfois la législation cynégétique ? Tireraient-ils la nuit depuis les miradors à la faveur d'un projecteur ? Ou alors les bracelets dont l'apposition est obligatoire pour le transport d'animaux morts soumis au marquage, seraient-ils parfois « oubliés » ? Et comme les cervidés ne sont plus souhaités dans nos Vosges alsaciennes – intervention du maire de Lutzelhouse, DNA du 22 avril 2005 - une étroite connivence entre les gestionnaires du bois et les chasseurs ne constituerait-elle pas une porte ouverte à tous les abus ? Alors pourquoi les communes ne gèreraient-elles pas leur forêt elles-mêmes ?

Des écarts répréhensibles que le chasseur-photographe, homme de terrain par excellence, invisible témoin de l'ombre, est malheureusement le seul à constater ! Ce qui lui vaut souvent, lorsqu'il se dévoile, d'être interpellé, intimidé, injurié, si ce n'est pas carrément menacé !

Éden cynégétique disparu…

Élément indispensable à notre survie : l'eau. Cœur palpitant des écosystèmes qui règnent de part et d'autre de la Hasel ; la cascade du Nideck.

Cette déconvenue supplémentaire aurait moins froissé notre conscience si elle ne s'était pas déjà produite ailleurs, quelques années auparavant dans la forêt de Haslach.
Un site idyllique où toutes les conditions de vie étaient requises pour une riche biodiversité que dominait le cerf élaphe. Pas moins de quinze coiffés peuplaient les aplombs gréseux qui émergeaient ça et là d'une forêt mixte entrecoupée de gagnages. Une niche écologique d'une richesse insoupçonnée.

Je l'ai parcourue pendant une dizaine d'années, de 1975 à 1985, année de résignation où le crépuscule est tombé sur la Wolfszang, le Breitberg et le Ringelsberg. En 1978, l'ONF avait décidé de ne plus soumettre aux adjudications la chasse de la forêt domaniale de Haslach, gérée jusqu'alors par un chasseur au cœur noble, et ainsi de garder la mainmise sur la régulation du cheptel de cervidés.

Recouverts d'une peau extémement vascularisée appelée velours, les bois mettront quatre mois pour se reconstituer en vue des joutes déclenchées par le brame.

Calices dorés au bord d'un ruisseau ; le populage des marais.

< Au printemps, quelque peu honteux d'être dépourvus de leurs attributs, les cerfs vivent entre eux, éloignés des biches, jusqu'au mois d'août.

À partir du 1er février, date de fermeture de la chasse, les hardes de biches, bichettes et de jeunes coiffés se reconstituent.

Tous sens en éveil, une chevrette en robe d'été.

Quelques graminées par-ci, par-là, et l'heure est venue de se blottir dans l'ombre de quelque fourré pour ruminer ; chevrette.

Images de tendresse et d'amour ; biche avec son faon

S'ensuivirent logiquement des plans de tir drastiques qui, sur le terrain, se traduisirent par des exactions déplorables, déshonorant en tout point l'éthique de la chasse !

Évidemment, bon nombre de coiffés disparurent, accompagant dans leur destin daguets, biches, bichettes et faons, abattus par dizaines ! En 1984 et 1985, le brame se limita à quelques raires sporadiques, faute de biches et de prétendants matures...

Cette nouvelle forme de gestion devait se traduire par des tirs « qualitatifs » et non plus « quantitatifs » ! Enfin une résolution qui pouvait permettre aux bons coiffés de vieillir ! Mais en restait-il encore ?

La qualité des trophées présentés à l'exposition annuelle depuis cette date tendrait à prouver le contraire... N'étant pas un spécialiste confirmé, je m'en remets aux connaisseurs qui, peut-être, me contrediront, mais ne me raviront pas la triste impression qu'il ne s'agissait que d'un argument technocratique supplémentaire pour justifier l'épuration !

Gênant témoin de cette purge, chaque fois que la 2 CV trahissait ma présence dans le massif, elle indisposait tellement les « chargés de mission » qu'ils m'accusaient de toutes les infractions au code forestier, notamment de scier ou d'arracher les barrières lorsqu'elles étaient fermées et cadenassées ! J'ai même écopé d'un procès-verbal suivi d'une amende dressé par le chef de secteur alors que j'avais l'autorisation verbale du garde-forestier de garer ma voiture au-delà du panneau d'interdiction, quand la barrière était ouverte, évidemment. Un accord verbal valable depuis des mois, subitement remis en cause par la hiérarchie qui n'avait pas hésité à me solliciter quelques semaines auparavant pour des photos devant servir de support pédagogique à un séminaire ! Gratuitement. C'était normal, compte tenu des facilités d'accès dont je bénéficiais...
Seule réponse à toutes mes démarches visant à rétablir la vérité : « Je suis navré, mais comprenez qu'il m'est difficile de désavouer mon chef ! »

Ce climat de relations dégradées marqua la fin de mes pérégrinations nocturnes dans les affleurements rocheux, le téléobjectif en bandoulière. Requérant des qualités autrement plus affinées que la chasse au fusil, notamment une excellente condition physique, une parfaite connaissance de terrain et du comportement des populations sauvages ainsi que l'instinct d'un prédateur, la chasse photographique doit avant tout rester un vecteur d'épanouissement du corps et de l'esprit et non aviver les risques « d'accident » devenus en ces circonstances réels, insupportables, dont j'avais réellement pris conscience lorsqu'une balle, tirée depuis la vallée, ricocha sur le rocher voisin ! Était-ce à dessein ?

Je n'ose le croire...

L'Eden cynégétique de Haslach venait des vivre son dernier crépuscule...

Très intelligent et doté d'un infaillible odorat, le sanglier ne s'aventure que rarement à découvert de jour.

Echappée - ou lâchée ? - de l'enclos de la MF de l'Elmerforst, une marmotte avait trouvé refuge sous les rochers du Kuhberg où quelques touffes de luzule ne lui offraient qu'une bien maigre pitance. Tombée en léthargie au début de l'hiver, je ne l'ai jamais revue.
Celle-ci, beaucoup plus chanceuse, a pu créer sa petite famille qui vit depuis quelques années dans une clairière du massif du Hohwald.

Les loges qu'il fore dans les troncs serviront ultérieurement de gîte aux loirs, martres, chouettes et autres colombins ; pic noir.

Digitales pourpres au soleil levant.

Avec ses frous-frous bleus sur les rémiges, le gros bec apporte une note d'exotisme au monde ailé de nos latitudes.

Ses sonates enfiévrées perlent du haut des cimes dès le mois de février ; grive musicienne.

Il était le plus grand patriarche du Nideck. D'où une place de choix dans cet ouvrage après une précédente parution... Cerf 10 cors de 8e ou 9e tête.

Au mois d'août les coiffés se séparent. Chacun cherche alors un territoire dans lequel il essayera plus tard d'attirer les biches par ses raires. Cerf 8 cors de 3e ou 4e tête.

Si des reproducteurs comme celui-ci n'étaient pas tirés prématurément, nos cerfs vosgiens arboreraient de fort belles ramures.
Cerf 12 cors de 6e ou 7e tête.

Une à une, les biches sont absorbées par la pente avant de disparaître dans la sapinière pour la journée.

Toujours très recherché pour son nectar par insectes et papillons ; le cirse des marais

Derniers actes de la chorégraphie orchestrée par la nature. Après l'épanouissement et la reproduction, le déclin et la mort...

Mais que de bons souvenirs ! D'inoubliables rencontres. Comme cette chevrette recroquevillée, somnolente, dans une trouée ensoleillée d'une jeune pessière, littéralement pétrifiée par la subite présence, à trois mètres, des deux photographes arrivés en catimini sur le tapis d'aiguilles.
Était-elle malade ? Feignant d'être morte, elle se laissa caresser à souhait et ne bondit dans le sous-bois qu'une fois les intrus éloignés d'une dizaine de mètres !

Ou cette jeune renarde intriguée par le trou noir de l'orifice du 600 mm, qui vint y « jeter un œil » à quelques dizaines de centimètres du photographe immobile, camouflé sous son filet, derrière le rocher !

Ou encore ce huit cors rentrant du gagnage qui, pour descendre s'abriter durant la journée dans la remise en contrebas des rochers, a failli me piétiner ! Il passa tellement près que l'objectif de 135 mm était trop grand pour réaliser son portrait !

Dommage que les images ne puissent pas restituer l'ambiance féerique qui régnait dans les rochers du Breitberg quand l'astre de lumière émergeait de la Forêt Noire voisine, enflammait la lisière de la hêtraie, dardait les pointes nacrées des empaumures sorties de l'ombre, toujours un peu hésitantes, plus tard absorbées les unes après les autres par une armée de digitales pourpres, fières gardiennes des abrupts gréseux qui là-bas, au loin, me rappellent à leur souvenir chaque fois que j'ouvre les volets…

Vers la lumière ; élément indispensable à tout épanouissement dans le monde végétal. Hêtres.

Une clairière…

Sa floraison discrète marque la fin de l'hiver dans les collines calcaires ; hellébore fétide.

Très répandue dans les collines calcaires sous-vosgiennes, elle est une des premières orchidées de l'année ; l'orchis mâle.

Accablé par autant d'agressivité, un peu résigné face à la démesure des dégradations commises partout ailleurs, en 1986, je décidai de profiter au maximum des richesses naturelles qu'offrait l'environnement immédiat autour de notre demeure, encore relativement préservé.

Quelle serait la durée du répit qu'accorderaient les expansionnistes communaux à ce remarquable écosystème, hélas comme partout ailleurs en Alsace, étranglé par les activités humaines ?

Auxiliaire précieux du jardinier, le hérisson mériterait plus d'égards de la part des automobilistes.

Les hiboux moyens-ducs nichent en principe dans les vieux nids de corvidés. Alors que la femelle reste au nid avec les poussins, le mâle, plus petit, se charge de l'approvisionnement.

J'installai une petite auge au milieu d'une clairière du petit bois typique des collines calcaires, à cent mètres de la maison. Régulièrement remplie d'eau fraîche, elle suscita immédiatement beaucoup d'intérêt chez l'avifaune, dans la journée, chez les mammifères, la nuit. Un petit tronc creux, destiné à recueillir quelques graines de tournesol, vint plus tard compléter l'installation. Tout comme l'affût destiné à me camoufler pendant mes séances de prises de vues. La clairière était en fait une trouée façonnée par les bûcherons pour éviter que les branches hautes des arbres n'entrent en contact avec les fils électriques qui alimentaient notre lotissement. Régulièrement entretenue, cette trouée dans le manteau forestier, colonisée par un riche éventail floral, attirait immanquablement une multitude d'insectes et de rongeurs et, forcément, leurs prédateurs. Une chance exceptionnelle pour le photographe qui, lors des chaudes journées d'été, ruisselant de sueur, s'installait discrètement derrière son trépied, l'œil rivé à l'appareil pour tenter de saisir quelques fragments de la vie secrète de ce petit monde de poils et de plumes qui se disputait cette auge salutaire, tantôt pour boire, tantôt pour prendre un bain.

Le pic mar se différencie du pic épeiche par sa calotte incarnate.

< Jeune brocard dont la configuration des bois ne lui permet malheureusement pas d'envisager un bel avenir de reproducteur.

Insectivore en été, granivore en hiver ; la mésange charbonnière.

Visite surprise d'une jeune chevrette à la station d'agrainage des oiseaux...

...suivie d'un jeune brocard perdant ses velours.

Les doux rayons d'avril incitent les bêtes noires à sortir dans les layons où l'herbe revivifiée exhale son doux parfum.

Bouquet nuptial de l'aubépine.

C'est lui qui butine nos géraniums à la manière d'un colibri. Fraîchement éclos et dans sa plus belle livrée ; le sphinx du chèvrefeuille.

Pendant une quinzaine d'années, j'y ai vécu d'innombrables heures de bonheur. Au fil du temps, une étroite connivence s'était établie entre les animaux et l'homme. Au point qu'une chevrette, habituée à mes effluves, m'attendait tous les jours, couchée à côté du sentier d'accès, se levait à mon passage et m'accompagnait jusqu'à la clairière. Certains jours, elle ne m'accordait même pas le temps d'installer mon appareil muni du 135 mm, qu'elle croquait déjà les grains de maïs que je venais de répandre !

Et quand d'autres occupations ne me permettaient pas de nourrir ce petit monde à l'heure habituelle, elle n'hésitait pas à descendre dans la propriété, au-delà du chemin de lisière, pour m'interpeller en « aboyant » ! Plus étonnant encore, en hiver, elle se rendait au pied de la terrasse, accompagnée de trois autres chevrettes et d'un brocard, pour ramasser les grains tombés de la mangeoire destinée aux oiseaux ! Quel merveilleux spectacle quand au clair de lune, après avoir éteint la télé, j'observais de la fenêtre du bureau ces gracieuses créatures, tantôt couchées, ruminant dans le massif de rosiers, tantôt recherchant, truffe au sol, les graines éjectées durant la journée par les becs affamés !

Deux soirs de suite, j'eus même la surprise de voir un sanglier qui, sans doute guidé par le parfum des chevreuils, avait décelé l'aubaine.

Effarouchée par le photographe, la couleuvre à collier a régurgité le crapaud qu'elle ingérait. Image symbolique de la vie et de la mort qui, tous les jours, se côtoient étroitement dans la nature !

Bel arrangement floral offert par les clochettes bleues d'une touffe de campanules à feuilles de pêcher.

< D'abord extrêmement craintive, elle ne venait boire que la nuit. Puis, elle s'est progressivement habituée à mon odeur, pour finalement s'aventurer à la petite auge en plein jour, à trois mètres de l'affût ! « Ma » chevrette.

Gracieuse chevrette.

Curieux et naïf ; un faon de chevreuil.

Des scènes que je partageais souvent avec la chouette hulotte qui, comme tous les ans à partir de février, couvait déjà dans le nichoir fixé pour elle dans le chêne, jadis épargné par la tronçonneuse, à cinq mètres de la terrasse. Ses couvées, de deux à cinq petits selon les années, ont pratiquement toutes connu notre sèche-cheveux lorsque les conditions climatiques médiocres risquaient de compromettre leur émancipation vers la forêt proche. Sans oublier les opérations de sauvetage devant les chats, quand blotties sous les thuyas, transies par les giboulées d'avril, ces petites boules de plumes, souillées par les déjections du fond du nichoir, exhalaient cet âcre parfum qui aurait pu trahir leur présence !

Mais pour que la nature puisse tous les printemps nous gratifier de ces instants de plénitude, à partir de février, la vigilance devait être de mise. Si nous voulions que le chat-huant assure la pérennité de l'espèce, il fallait souvent chasser les écureuils qui convoitaient cette exceptionnelle demeure, « recapitonnée » tous les ans de sciure fraîche. Pour se rendre de la forêt vers les vergers, ils utilisaient l'« autoroute » que constituaient les fils électriques tendus à côté de l'arbre centenaire. Un beau chêne sessile, régulièrement étêté, que choisissait également tous les ans un couple de pigeons ramiers pour y élever ses deux couvées. Des œufs dont les fouines se délectèrent la première année après avoir grimpé dans le lierre qui enserrait l'écorce. Elles habitaient sous l'auvent de la caravane, au fond du verger. L'année suivante, un plastique lisse fixé autour du tronc mit un terme à leurs rapines nocturnes.

Un chêne salutaire certes mais également parfois le théâtre de drames. Ce fut le cas avec ce jeune pigeon ramier, prêt à l'envol, ce matin-là déjà perché, attendant une des dernières becquées avant l'émancipation, soudain foudroyé par l'éclair de la prédation. Sans doute que l'épervier femelle avait aperçu ses battements d'ailes encore quelque peu fébriles sous la couverture chlorophyllienne.

Trop lourd pour être emporté, le corps inerte, transpercé par les serres, avait entraîné dans sa chute le prédateur et c'est par terre, près du tronc, qu'eut lieu la plumée, sous les yeux hagards de la mère et du deuxième poussin réfugiés dans le lierre.

Deux ans auparavant, un drame similaire s'était produit la nuit, commis par la hulotte qui avait arraché l'unique poussin du nid. Il est vrai que le nid des ramiers, réutilisé tous les deux ans, ne se situe qu'à deux mètres au-dessus de son nichoir.

Était-il l'épervier que nous avions recueilli un matin d'hiver, gisant sous la fenêtre du bureau, en partie paralysé par le choc contre la vitre, une mésange bleue entre ses serres ?

Une opération de sauvetage qui dura trois semaines. Gavé de cous de canards coupés en petits morceaux, il bénéficia de soins attentifs prodigués par Michèle, au point qu'après quinze jours, ayant retrouvé en partie ses réflexes moteurs, il nous gratifia d'une immense reconnaissance en se posant alternativement sur nos avant-bras tendus lors d'essais de vol entre la cuisine et la salle à manger ! Huit jours plus tard, pratiquement apprivoisé, perché sur mon poignet sans contrainte, il se laissa porter dans le clair-obscur du bois proche de la maison et prit son envol, élevé dans les airs par un symbolique mouvement d'adieu.

Une dernière fois il passa au-dessus de Michèle, restée en retrait, les yeux larmoyants. Quel merveilleux souvenir…

Promenade crépusculaire d'une chevrette avec son faon de l'année passée.

Vieux brocard qui n'a pas connu le paradis de Saint-Hubert. Il fut écrasé par un automobiliste inconscient des risques de collision avec les animaux sauvages que présente la circulation en forêt de jour comme de nuit.

D'autres anecdotes pourraient étayer mon récit. Comme ce lièvre qui, pendant un certain temps, passait la journée au milieu de la rocaille, dans son gîte au pied d'une touffe d'iris, parfois mis en alerte par l'hermine y poursuivant des campagnols. Mais beaucoup plus parlantes sont les images sélectionnées tantôt pour leur valeur documentaire, tantôt pour leur valeur esthétique. Je citerai simplement encore cette bécasse qui, dans le crépuscule d'une soirée de novembre, s'était posée dans le potager, à côté du compost, pour vermiller.

Le lendemain matin, voulant s'éclipser à la vue de l'homme venu déverser quelques épluchures, elle s'enfila entre la haie de thuyas et le vieux grillage rouillé. Ayant compris, après quelques essais infructueux, que l'espace trop restreint ne lui permettait pas, faute d'élan, de prendre son envol, elle se blottit par terre et se laissa ramasser sans opposer la moindre résistance !
Sa morphologie particulière et sa subtile livrée mordorée m'avaient tellement subjugué qu'il ne me vînt même pas à l'esprit de la photographier.
En plus, je percevais son stress, justifié...

Quelques minutes plus tard, après l'avoir présentée à Michèle et admiré une dernière fois son merveilleux plumage, respect et compassion l'élevèrent dans les airs, face à la forêt jonchée de feuilles rousses, vers la liberté...

Sa curiosité lui permet de déceler le moindre changement dans son environnement. Ainsi, l'auge remplie d'eau posée au milieu de la clairière fut vite repérée par le lutin à la queue empanachée ! Écureuil roux.

Toujours en train d'explorer les moindres recoins pouvant receler une proie ; la fouine.

Fatiguée après une journée de chasse, le femelle du faucon crécerelle s'apprête à rejoindre son nid pour y passer la nuit

Jeunes faucons crécerelles prêts pour l'envol

En comparant d'une année à l'autre la biodiversité observée, j'ai constaté que l'harmonie des écosystèmes qui régissait « notre » vallon commença malheureusement à s'effriter à partir de 1996. Pour diverses raisons...
D'abord la dégradation des conditions climatiques qui tous les ans, en ce qui concerne l'avifaune, freine considérablement le déroulement des migrations et la reproduction, puis l'arasement quasi-systématique des haies et les brûlis qui suppriment les possibilités de nidification, enfin l'épandage massif de pesticides et de phytocides qui anéantissent toute source de nourriture. Et si on y ajoute une augmentation de la pression humaine due à la création de nouveaux lotissements et au développement des activités de plein air, les perspectives n'en sont que plus inquiétantes.

Nonobstant les questions que tout naturaliste de pose quant à l'avenir de nos enfants, pour éviter de sombrer dans la « sinistrose », le meilleur remède n'est-il pas d'apprécier davantage, au jour le jour, les richesses qui nous entourent? Réapprendre à vivre en étroite harmonie avec l'environnement naturel, sans rêves d'exotisme et de grands voyages dont la futilité est synonyme de pollution. Reprendre conscience de l'utilité de la biodiversité endémique, la protéger comme s'il s'agissait d'un indispensable maillon de notre équilibre de vie, tel est le concept que le système éducatif devrait inculquer aux jeunes générations. Être sur le terrain et non derrière l'ordinateur! La première matière scolaire devrait être l'écologie, c'est-à-dire les interactions qui existent entre le monde animal et le monde végétal, et non celles qui feront demain d'avides consommateurs à la recherche permanente de profits, au détriment des équilibres naturels!

Est-il spectacle plus exaltant que l'éveil de la nature en avril, surtout lorsque l'hiver revêtait encore son manteau blanc à la mi-mars! Quant aux premières lueurs de l'aube, les douces notes flûtées du rouge-gorge se mêlent au chant étranglé du rouge-queue perché sur le pignon de la maison, instinctivement le sommeil cède la place à l'écoute. Un merveilleux concert allant d'abord crescendo, orchestré par les grives musiciennes, les merles, les mésanges, quelques linottes et fauvettes, puis s'évanouissant tout doucement au fur et à mesure que la clarté stimule la recherche de nourriture. Sous l'effet du soleil, les parfums qu'exhale l'éventail floral naissant, enivrent une kyrielle d'insectes sortis du néant, subitement présents dans leur plus bel apparat. Bourdons et abeilles à la robe veloutée, papillons fraîchement éclos, parcourent alors inlassablement les hellébores fétides, scilles, violettes, primevères et autres hépatiques, pour subtiliser le nectar et, dans une douce insouciance, participer à la fécondation des belles corolles.

Un des premiers oiseaux à avoir mémorisé l'aubaine ; le rouge-gorge qui, alternativement, vient s'y désaltérer...

...ou rafraîchir son plumage.

Et bien d'autres oiseaux y viennent tous les jours, comme l'accenteur mouchet.

Le tarin des aulnes.

Le rare gobe-mouches noir.

La fauvette à tête noire.

La mésange nonnette.

Le virevoltant pouillot véloce.

Le gros-bec.

Le merle noir.

Le pinson des arbres.

La sittelle.

Stimulés par leur hypophyse, les oiseaux entrent à leur tour dans la farandole de la reproduction. Buses et geais se poursuivent alors en « miaulant », pics-verts et cendrés, perchés bien en évidence au sommet de l'arbre favori, lancent leurs rires sarcastiques, tandis que le discret bruant jaune laisse perler ses trilles du haut des sentinelles épargnées au bord des chemins.

Dans la forêt, la sittelle a rétréci à sa dimension l'orifice d'une ancienne loge de pic. Au moindre danger elle parcourt frénétiquement l'écorce en piaillant ses « tui tui » affolés. Une attitude destinée à aviver la vigilance de sa compagne déjà entrain de couver.

Rien à craindre par contre des imposants pigeons ramiers s'écrasant littéralement chaque fois qu'ils se posent dans les branches du chêne où ils nichent tous les ans. Ni d'ailleurs de la chouette chevêche, postée en lisière, qui a du mal à refaire ses effectifs dans nos derniers vergers à hautes tiges, contrairement aux populations d'ailleurs, notamment en Lozère d'où nous sommes revenus après avoir visité les gorges du Tarn et de la Jonte, aujourd'hui recolonisées par les vautours.

Des paysages bocagers aux figures géométriques harmonieuses, tels qu'ils existaient chez nous il y a cinquante ans, favorisent là-bas leur cohabitation avec les hiboux petits-ducs. Une niche écologique qu'ils partagent également avec une colonie de rossignols, trouvant leur bonheur dans l'ombre des saules marsault et des aubépines qui bordent les prés, irrigués par des ruisselets non encore drainés, précieux berceaux pour serpents, batraciens et insectes. Quand on revoit ces paysages, comment ne pas avoir la nostalgie des notes limpides et sonores qui berçaient nos nuits d'enfance au bord de la Bruche ? Une rivière depuis rectifiée, canalisée et enrochée, débarrassée de la ruflette végétale, foisonnante de vie, qui ourlait ses méandres. Aujourd'hui, le chant nocturne de l'oiseau roux ne retentit plus que dans quelques reliques de la forêt alluviale dont le petit bois drapé d'orties derrière la station d'épuration de Molsheim, demain dévasté pour la contournante...

En cette douce soirée printanière, assis sur « mon » banc, bien des rêves se bousculent dans ma mémoire. Une douce inconscience caressée de temps en temps par les pipistrelles et les grands murins en quête d'insectes. Aux hululements de la chouette et derniers croassements des corneilles regagnant leur dortoir, se mêlent les aboiements rauques des chevreuils qui interpellent la renarde en maraude. Ayant bien entendu repéré la silhouette inhabituelle du bipède dans l'ombre de la pinède, elle laisse de temps en temps échapper quelques glapissements affolés, comme si elle voulait avertir ses quatre petits sortis du terrier qu'il serait imprudent de s'aventurer sur le chemin. Plus haut, dans la forêt, mulots, campagnols, insectes et crapauds essayent de ne pas terminer leur existence entre les crocs des hérissons et des blaireaux, sortis affamés de leur léthargie hivernale. Autant de bruissements secrets, un exercice pratique d'interprétation pour le naturaliste avide de tester l'acuité de ses sens quelque peu engourdis par la mauvaise saison.

Fin avril, première chaude soirée de l'année. le chant caractéristique du coucou, lui aussi revenu d'Afrique, déchire le crépuscule. Sortis de l'herbe comme par enchantement, des milliers de hannetons prennent l'air dans un léger vrombissement semblable à celui d'un airbus en décélération. Mais n'atteindront les frondaisons de la chênaie pour se reproduire, que ceux qui auront pu déjouer le sonar des chauves-souris excitées par cette manne subite.

La tourterelle des bois.

Comme il a besoin d'eau pour digérer les graines ingurgitées, le pigeon ramier vient régulièrement boire à l'auge.

Le geai des chênes.

Son régime alimentaire est surtout constitué d'oeufs de fourmis, d'où son nom de torcol fourmilier.

Son plat de résistance est constitué de campagnols. Assez lourde, elle ne peut chasser qu'à l'affût. Aussi faut-il lui préserver des perchoirs d'où elle peut fondre sur ses proies ; buse variable..

Il est à l'origine des terriers et des remblais que l'on découvre çà et là sous une racine, une pierre ou dans un talus ; blaireau.

Délicieux fruits de la viorne obier. Mais uniquement pour les oiseaux, mustélidés et gliridés !

Autour de la maison, la reproduction bat son plein. Que ce soit le discret rouge-gorge élevant ses petits dans un sabot suspendu au-dessus de la porte de garage, les mésanges dans les nichoirs ou le couple de verdiers dans la clématite, tous sont maintenant animés par la fièvre du nourrissage. Les gobes-mouches gris, revenus tardivement cette année à cause du froid persistant, n'en sont qu'à des exercices de virtuosité dans la capture d'insectes. Leur nid, installé tous les ans sous la terrasse, également dans un sabot, ne sera construit que plus tard, début juin. Comme celui des chardonnerets, dans une touffe sommitale du lilas blanc.

Début juin. Le petit-déjeuner pris sur la terrasse au lendemain d'un circuit en vélo autour du lac de Constance, nous permit d'assister à un phénomène, pour ma part jamais observé. Dans un autre sabot - j'en avais hérité un dizaine de mes grands-parents - fixé sous une solive, nichait un couple de rouges-queues. Les jeunes étaient nés pendant notre absence et recevaient régulièrement la becquée. Quoi de plus normal ! Mais lorsque nous vîmes que deux femelles nourrissaient cette couvée tandis qu'un mâle se limitait à faire acte de présence sur le fil électrique parcouru par les écureuils, nous n'en croyions pas nos yeux !
Intrigués par cette anomalie, les jours suivants nous y portâmes toute notre attention. Et nous n'étions pas au bout de nos surprises…

Deux jours plus tard, les deux rouges-queues, le bec rempli de chenilles, virevoltaient, visiblement contrariés, autour de la poutre. Avec les jumelles, nous regardâmes dans le nid. Et là, surprise ! Un oiseau d'une corpulence nettement plus grande que celle des deux nourricières, obstruait l'entrée.
Un coucou prêt à l'envol ? Improbable…
En regardant de plus près, il s'agissait d'une merlette qui, en cette fraîche matinée, paraissait vouloir donner un peu de chaleur à ces petits. Était-elle en manque d'amour ? Avait-elle perdu sa couvée ?

Notre étonnement fut encore plus grand chaque fois qu'elle revenait nourrir. Son bec était rempli de chenilles vertes et grises et non de vers de terre, comme si elle s'était inspirée du régime alimentaire des parents légitimes ! Et, « cerise sur le gâteau », son partenaire au plumage bien noir avait adopté le même comportement !
Les cinq oisillons prirent leur envol le 17 juin 2005, encore nourris pendant quelques jours par des parents différents…

Explosion printanière dans le verger.

La situation privilégiée de notre demeure y est sans doute pour beaucoup dans la biodiversité qui l'anime. Sans oublier les abords aménagés de manière étudiée avec des essences végétales du terroir, régulièrement taillées et façonnées de manière à proposer tous les ans de nouvelles possibilités de nidification. Une harmonie dont s'inspira François Steimer, chargé de l'environnement au Conseil Général du Bas-Rhin, pour la réalisation d'un dépliant sur le thème « Cohabiter avec les animaux sauvages ».

Un paradis pour insectes, papillons, lézards, batraciens, serpents, campagnols, mulots, hérissons, lérots et, bien entendu, pour les oiseaux.

Une cohabitation pas toujours facile, mais qui en toutes circonstances doit rester respectueuse de la vie. Même si la terrasse est régulièrement souillée par les pelotes de réjection et les solives blanchies par les fientes du faucon crécerelle et, si toutes les nuits, le sommeil est quelque peu perturbé par les pipistrelles et, surtout, par une famille de loirs qui gloussent et grincent à quarante centimètres de l'oreiller, entre l'isolation et la toiture !

Demain, d'autres merveilleux souvenirs...

Planter des essences endémiques et respecter un équilibre harmonieux entre arbustres, haies, fleurs et plantes de rocaillle...

Aucun lépidoptère ne peut résister au parfum du buddleia, appelé pour cette raison l'arbre à papillons ! Machaon.

Des graines de fleurs fanées, de l'eau et des petits conifères régulièrement taillés, attireront immanquablement le serin cini.

Quant au chardonneret, son arbre de prédilection pour nidifier reste le lilas.

Contrairement au rouge-queue noir qui niche pratiquement toujours à proximité d'une bâtisse, son cousin le rouge-queue à front blanc, cavernicole, a besoin d'un arbre creux ou d'un nichoir pour élever sa couvée.

Pour cacher son nid, la gracieuse linotte mélodieuse affectionne tout particulièrement les petites haies touffues à feuilles caduques.

Mais durant ces dernières cinq années, bon nombre d'oiseaux ont déserté la petite auge et « ma » chevrette qui, l'année passée, m'avait encore présenté ses deux faons, a depuis rejoint le paradis de Saint-Hubert, semant derrière elle un peu plus d'amertume, celle que l'on ressent quand s'achève une journée pleine de bonheur, emportée par le crépuscule et les incertitudes du lendemain...

Vivre en symbiose avec l'environnement naturel se décline également par l'acceptation de la présence de loirs dans la cave durant la mauvaise saison. Mais gare aux fruits entreposés !

Un nichoir fixé contre le chêne à quelques mètres de la terrasse, nous permet d'assister tous les ans aux scènes de nourrissage et à l'envol de sa couvée. À partir d'août, mois d'émancipation des jeunes, la chouette hulotte retrouve son arbre creux préféré.

Après l'envol, elle restera encore tributaire des parents jusqu'au milieu de l'été ; jeune chouette hulotte.

Autrefois l'oiseau symbole de la sagesse, la chouette chevêche est malheureusement devenue, avec la chouette effraie, celui de la disparition des rapaces nocturnes !

Deux jeunes chevêches à la sortie du nid. Savaient-elles que l'aube de leur vie était synonyme de crépuscule pour le platane qui les abritait, abattu quelques jours plus tard pour l'extension de la zone industrielle ?

Le crépuscule
des
seigneurs…

De plus en plus refoulée par les aspirations démesurées de l'être humain, la nature sauvage se retire, à l'image du seigneur de nos forêts ; le cerf.
Jadis animal diurne, vivant en plaine, il est aujourd'hui nocturne et vit retiré dans le massif montagneux. Il n'est donc pas étonnant qu'il soit devenu un animal mythique et son trophée un véritable culte, une source d'ivresse pour beaucoup de porteurs de fusil.
Extrêmement discret, guidé par d'infaillibles sens, pour espérer le surprendre il convient d'afficher d'excellentes bases éthologiques, de connaître parfaitement la topographie du biotope, de jouer à fond la carte de la discrétion, avoir évidemment beaucoup de chance et surtout, être psychologiquement « armé » pour faire face aux affronts de certains nemrods indélicats n'ayant pas toujours bonne conscience !

C'est ainsi qu'au mois d'avril 1998, mes explorations dans le massif du Donon me firent découvrir une petite vallée relativement préservée où de multiples coulées imprimées dans les abrupts versants, attestaient la présence de chevreuils, de sangliers, de biches et de cerfs. Le relief accidenté ne tolérait qu'une pénétration modérée, réglementée par panneaux et barrières ouvertes ou fermées à la discrétion des forestiers. Un havre de paix pourfendu par un ruisseau qui marquait la limite entre deux forêts au statut différent, l'une communale, l'autre domaniale. Des préceptes dont faisait fi une nature luxuriante et sauvage qui aurait mérité le titre de réserve naturelle tant les équilibres paraissaient harmonieux.

Hormis les détritus abandonnés un peu partout par les bûcherons et les stigmates de deux anciennes décharges, aujourd'hui recolonisées par sureaux, noisetiers, belladones et orties, quand le soleil empourprait les aplombs gréseux engoncés dans les pastels dégradés des frondaisons, l'indicible beauté du paysage effaçait toute agressivité, incitait au rêve, portait le naturaliste au paradis…

Au fil des sorties, je m'imprégnais des équilibres qui y régnaient. Non sans photographier cascades, ruisseaux, souches, rochers, une grande partie de la diversité florale et, bien entendu, la faune.

Le ruisseau, alimenté par moult filets argentés que déversaient dans la pente de secrètes cascades, servait de décor au gracieux ballet des jaunes bergeronnettes, interrompu de temps à autre par le vol direct, au ras des vaguelettes, du cincle plongeur et, plus rarement, du martin-pêcheur. Les truitelles qui habitaient les remous derrière les ressauts avaient appris à se méfier de cette ombre maléfique qui régulièrement prélevait sa dîme. L'humidité ambiante avait favorisé la croissance d'une végétation hostile à l'homme, dominée par une palette multicolore que formaient au rythme des saisons la verge d'or, l'eupatoire, la balsamine, la valériane, la reine des prés, le séneçon et, bien sûr, les plantes préférées des cervidés : framboisiers, ronces et orties dont les pointes sommitales étaient toutes abrouties. Un indéniable signe de présence de coiffés qui, contrairement aux biches, adorent ces urticants capitules.

Secrète cascade dans une vallée mystérieuse au pied du Donon où les équilibres paraissent tellement harmonieux que le site mériterait un statut de protection intégrale.

Inféodé aux galopantes vaguelettes des ruisseaux de montagne et de la Bruche ; le cincle plongeur.

Quand elle prend son envol, le jaune citron de son croupion, presque fluorescent, fend l'obscurité comme une flèche ondoyante ; bergeronnette des ruisseaux.

Peu courant dans les ruisseaux d'altitude, le martin-pêcheur n'en demeure pas moins la hantise des truitelles.

Son biotope de prédilection, les forêts de conifères ; mésange noire.

Remisés au plus profond des halliers, pour la plupart inaccessibles au mal-armé bipède, chevreuils, sangliers, biches et cerfs attendaient patiemment que tombe le voile crépusculaire pour débouler vers les fonds humides où une nourriture riche et variée supplanterait la faim accumulée pendant la journée. Une faim parfois difficile à contenir d'où l'écorçage des baliveaux dans les jeunes peuplements, difficilement accepté par les forestiers. Mais que représente-t-il réellement face aux innombrables plaies qui gangrènent les troncs mutilés par les engins de débardage ? Sans oublier que le bois extrait de nos jours a crû alors que la densité des cervidés était nettement supérieure à celle que nous connaissons actuellement dans nos forêts. Comment pourrait-on adhérer à cette politique d'éradication de nos cervidés qui, tous les ans, se traduit par des plans de tir abusifs semant le désarroi et ébranlant les structures sociales des populations sauvages ?

Toujours soucieux de relater la vérité, sans vouloir alimenter une quelconque polémique, comment pourrais-je passer sous silence les coups de feu nocturnes en dehors des heures de tir autorisées, les erreurs de tir qu'il m'est parfois donné de constater et surtout les cadavres d'animaux blessés, non recherchés par les chiens de sang que l'on découvre à l'issue des battues ? Sept en 1999, cinq en 2000, deux en 2003. Principalement des biches et des sangliers...

Ou d'autres scènes désolantes, des actes incompréhensibles, comme ces deux biches, entassées contre un grillage et ces deux daguets cachés sous les branches basses d'une jeune pessière, tous les quatre jetés en pâture aux sangliers et aux prédateurs ! Pour terminer, je citerai encore ces quatre marcassins rayés, trouvés morts, blottis les uns contre les autres, à une centaine de mètres d'une station d'agrainage pourvue d'un mirador, parce que leur mère n'était pas revenue...

Si le chiffre a considérablement baissé en 2003, c'est parce qu'il a tout simplement épousé la courbe de tendance de réduction du cheptel, décrétée à l'issue de la tempête du 26 décembre 1999. Un événement climatique certes préjudiciable au manteau forestier, du moins temporairement, mais qui a également permis d'apercevoir trois superbes coiffés, venus d'autres horizons, sans doute poussés par les vents violents. Avaient-ils profité d'une interdiction de tir pendant le brame qu'il faudrait peut-être généraliser ?
Ils me permirent de conforter ma thèse sur la taille de leurs attributs. Les bois exceptionnels qu'ils arboraient étaient non pas dus à la richesse du fourrage qu'ils avaient l'habitude d'ingérer au-delà des crêtes d'où ils venaient, mais à leur âge avancé.

Les composantes végétales étaient là-bas identiques à celles du vallon. Ils avaient pu profiter de la clémence des chasseurs et portaient de superbes ramures de 8e, 9e et 10e tête. Pas étonnant, puisque ce n'est qu'à partir de la huitième année de vie que la masse osseuse produite par l'organisme est complètement absorbée par la formation des bois, la structure du squelette, dès lors achevée, n'en ayant plus besoin. Prétendre que nos cerfs de montagne, bien entendu de bonne souche, ne peuvent pas porter de gros bois, est une utopie qui semble cautionner les tirs abusifs. Surtout en fin de bail, comme ce fut le cas dans les forêts domaniales au cours des saisons de chasse 2002 et 2003. La recrudescence de points rouges qui, depuis, marquent la moitié des trophées exposés, l'atteste amplement. Comment ne pas être choqué par ces pratiques systématiques avant l'expiration du bail qui affectent d'abord les forêts domaniales, puis, deux ans plus tard, les communales ! Et le phénomène n'en est que plus accru lorsque deux types de forêt sont juste séparés par un ruisseau. Si de surcroît la confiance entre voisins locataires s'est émoussée au fil du bail, la « récolte » peut alors sévir pendant quatre ans ! Dans la limite des bracelets attribués, évidemment...

D'aucuns interpréteront mes propos comme le fruit d'une imagination fertile et néfaste d'un naturaliste anti-chasse ! Ils se trompent...
J'entretiens d'excellentes relations avec certains chasseurs dignes d'estime et respectueux de la vie, même s'il m'est arrivé de les mettre dans l'embarras lorsque je fus amené à constater quelques écarts comme, par exemple, le bracelet « oublié » ou le tir d'un brocard 6 cors en velours !
Il faut reconnaître qu'en certaines circonstances, battues notamment, lorsque de surcroît les conditions météorologiques sont défavorables, le jugement de l'animal et son tir peuvent s'avérer très délicats. L'idéal, serait alors de ne pas tirer, évidemment...
Mais, qui ose se targuer de ne jamais commettre d'erreur ?

Si toutefois mes affirmations interpellent et irritent encore quelques inconditionnels, je les invite à lire l'article étonnant de franchise et de courage d'un porteur de fusil, intitulé « La mort d'un grand cerf », paru dans la revue « La chasse en Alsace » de février-mars 2005 !

C'est l'hiver. Chevrette venue glaner quelques grains de maïs répandus pour les sangliers.

Assaillis par une armada de taons et de mouches, la chevrette et son faon préfèrent regagner la fraîcheur du sous-bois.

Tous les ans, une véritable calamité pour les mammifères sont les tiques. Amusez-vous à les compter sur le cou de cette chevrette !

Dotée d'une oie et d'un odorat hors du commun, devenue nocturne à cause de l'omniprésence humaine dans nos forêts, la biche ne se laisse que rarement photographier en plein soleil.

Pour espérer surprendre ainsi une biche avec son faon das la lumière rousse du soleil levant, il est indispensable de rejoindre l'affût la nuit quand les animaux viandent au gagnage. Évidemment sans torche électrique, ce qui suppose de connaître chaque repli du terrain.

Biche sur le point de s'éclipser dans la remise pour la journée.

Que ladite exposition des trophées déclenche tous les ans une certaine ferveur parmi les adeptes du cerf, porteurs de fusil ou non, est légitime. Une fièvre qui se traduit parfois par des dérapages verbaux dont l'éthique de la chasse se passerait volontiers. Je n'en citerai que deux. Des regrets de ne pas avoir tiré ce jeune coiffé d'avenir que l'on n'est pas certain de revoir l'ultime année du bail - un point rouge de plus ou de moins - ! Ou tel tir au « black », faute de bracelet, parce que l'animal qui s'est présenté devant le fusil était tellement exceptionnel !
C'est ainsi que tous les ans, trop de coiffés, pour une bonne moitié promis à un bel avenir, sont tirés avant qu'ils n'aient pu se reproduire. Parfois encore en velours !

Une anecdote à ce sujet.
Dimanche 22 août 2004, vers 6 heures, en remontant la route de la Magel, j'ai croisé un tout-terrain tractant une remorque chargée d'un cerf dont une empaumure dépassait du bord supérieur de la ridelle. Assurément il ne s'agissait pas d'un « abschuss » ! Je ne saurais en dire plus, ne sachant pas de qui il s'agissait, ni vers où l'attelage se dirigeait. Mais j'avais bien mémorisé la date inhabituelle de tir pour pouvoir retrouver et apprécier le trophée au mois de février, à l'exposition, en cherchant sur les deux secteurs éventuellement concernés. En vain...
S'agissait-il d'un acte de braconnage ? L'animal portait-il le bracelet obligatoire pour le transport ? Pour quelle raison la tête n'avait-elle pas été présentée à l'exposition ? De peur du point rouge qui sanctionne les tirs injustifiés ? Ou celle de révéler l'intérêt cynégétique du secteur, qui pourrait provoquer une surenchère lors des prochaines adjudications ? Ces pratiques sont-elles usuelles ? Autant de questions que je me suis posées. Sans réponses...
Un acte isolé diront certains. Sans doute soucieux de cacher certaines vérités ! Quoi qu'il en soit, ces pratiques sont contestables, ternissent l'image de la chasse et portent atteinte à notre patrimoine, sans que leurs auteurs soient réellement inquiétés...

Elle a pratiquement colonisé toutes les dépressions humides des vallons ; lunaire ou monnaie du pape.

C'est lui qui a la fâcheuse habitude d'agrandir les trous d'envol des nichoirs destinés aux mésanges. Car s'y cachent les forficules ou perce-oreilles dont il raffole. Pic épeiche.

Larmes turquoise d'un autre petit joyau floral qui orne les clairières ; l'ancolie

Deux pics de tir des coiffés sont constatés à l'exposition. Le premier, au mois de septembre, pendant le brame, le second en janvier. Si le premier entre dans la normalité, bien que discutable parce que trop facile quand l'instinct de reproduction supplante la crainte de l'homme, le second semble enfreindre les règles éthiques applicables en Alsace qui interdisent en principe le tir des coiffés en battue. Leurs trophées écopent pratiquement tous d'un point rouge à l'exposition, ce qui signifie que leur tir était injustifié. Comment pourrait-il en être autrement puisqu'en battue ne peuvent succomber que des jeunes cerfs cherchant la proximité des biches pour passer l'hiver, les vieux survivants s'étant depuis longtemps retirés dans quelque secret boqueteau d'une chasse périphérique, trop petite pour être pourvue d'un bracelet C3, c'est-à-dire pour marquer un vieux cerf dit de « récolte », où ils passeront l'hiver et perdront leurs bois. À condition, bien sûr, que les fusils respectent l'interdit et résistent à la tentation... Est-ce toujours le cas?

Si la pression qu'exercent les forestiers sur les chasseurs était moins forte, il y aurait certainement moins d'erreurs de tir, me rétorqueront certains! Ce fameux plan de chasse établi d'après des comptages plus ou moins arbitraires! Une sorte d'épée de Damoclès brandie par l'ONF qui permet de sanctionner par une battue administrative le non-respect du minimum des quotas de tir fixés. Il est bon que certains élus chasseurs tirent la sonnette d'alarme et se mobilisent pour inverser la tendance, avant que nos forêts ne servent plus que les intérêts de l'industrie du bois. Les animaux qui y trouvent refuge font partie de notre patrimoine au même titre que tous les joyaux architecturaux que nous entretenons à grands frais et qui ne rapportent pas autant qu'une zone industrielle. Peut-on s'imaginer une forêt vosgienne sans cervidés? Cautionner cette hypothèse en arguant les dégâts causés par Lothar, la tempête du 26 décembre 1999, relève plus de vues productivistes de certains technocrates ayant forgé leurs armes derrière l'ordinateur, que des réalités écologiques du terrain!

Ce terrain, théâtre de tant d'intérêts divergents, où le profane repéré par la présence de sa voiture, devient immédiatement un suspect. Pour peu que cette dernière soit garée plusieurs fois au même endroit, elle intrigue, interpelle, et déclenche des « visites de courtoisie » que dévoilent les traces de roues dans l'herbe ou les grains de maïs perdus lors du démarrage du véhicule agraineur! Ou alors elle reçoit un avertissement parce que la place habituelle de stationnement s'est un jour retrouvée à cinquante mètres derrière le panneau portant l'arrêté municipal qui interdisait l'accès de la forêt après les chablis! Une démarche à laquelle les chasseurs ne devaient pas être étrangers! Eux qui voyaient régulièrement la voiture, en avaient déterminé son propriétaire d'après le numéro d'immatriculation, savaient qu'il était à l'affût quelque part dans le massif, dans la clandestinité...

Autre exemple de la structure sociale des grands cervidés. Biche et faon, accompagnés d'une autre biche adulte, non suitée.

Hésitante et indécise parce qu'elle a perçu les effluves du photographe, la biche suitée d'un jeune hère s'évertue à en déceler l'origine. En vain ! Car ce jour-là le vent était favorable et le camouflage parfait.

Merveilleuse palette vernale quand les genêts drapent les versants de leur jaune éclatant provoquant cet harmonieux contraste avec l'ocre des falaises gréseuses ! Mais attention, y pullulent les tiques et on peut y rencontrer la vipère péliade noire.

Typiques des Vosges gréseuses sont ces surrections qui émergent çà et là du manteau forestier, dont quelques-unes abritent tous les ans la couvée du plus prestigieux de nos rapaces diurnes.

Femelle de faucon pèlerin, d'un tiers plus grande que le mâle.

Faucon pèlerin mâle.

Jeune faucon pèlerin ayant pris son envol.

Au fil des sorties, je sentais que cette persécution latente, entretenue par chasseurs et forestiers, allait un jour éclater d'une manière concrète.
Comme prévu, ce jeu discret fut subitement interrompu le 24 septembre 2001 vers 16h45, lorsque le soleil déclinant, je décidai de redescendre à la voiture et briser au passage les hampes défleuries des digitales qui entravaient la perspective de cadrage dans le layon.

Posté dans le versant opposé, un chasseur m'interpella à trois reprises par mon nom sur un ton d'une agressivité viscérale. S'ensuivirent des propos injurieux, des agressions verbales et une injonction de rejoindre le fond du vallon où j'avais garé ma voiture.

Je venais de ranger mon matériel photographique lorsqu'un tout-terrain s'arrêta net de l'autre côté de la barrière, évidemment fermée. Le chasseur me prit à partie et la discussion fut vive sous l'œil du garde-chasse un tantinet médusé, resté en retrait. Il m'expliqua qu'il ne pouvait pas tolérer ce genre d'attitude compte tenu du degré de dangerosité et des impératifs de réalisation du plan de tir assigné par l'ONF. Également qu'il interviendrait pour dévoiler mes agissements lors de mes projections publiques, qu'il transmettrait un rapport à la Fédération des chasseurs et, pour terminer, que je n'avais qu'à me payer une chasse pour faire des photos et ainsi me rendre compte du coût !

Un peu abasourdi, je lui ai encore relaté ce qui s'était passé ce jour-là en début d'après-midi dans l'abrupt versant limitrophe de sa chasse, et surtout avec quelle furie – un autre terme ne conviendrait pas - un coiffé avait été abattu par trois coups de fusil, après avoir été débusqué par les chiens. Plus tard, ledit chasseur me confirmera qu'il s'agissait d'un huit cors, blessé la veille. Impardonnable pour un tir au mirador ! Un manque de respect manifeste...
Et nous nous quittâmes...

Le 2 octobre, un coût de téléphone dudit chasseur m'avertit que l'incident avait été relaté à ses partenaires et à l'ONF qui témoignerait contre moi parce que j'avais déjà eu des problèmes à Oberhaslach ! D'entente avec eux, il envisageait de m'intenter une action en justice en vue de me réclamer des dommages et intérêts pour entrave à la réalisation du plan de tir. À moins que... je m'engage à ne plus venir dans sa chasse jusqu'à la fin de la saison et, à l'avenir, à téléphoner avant chaque sortie !

Avais-je un autre choix que d'accepter cet immonde chantage ? Était-il également exercé contre les cueilleurs de champignons et autres promeneurs surpris pendant le brame ?
Je disposais évidemment d'arguments suffisants pour étayer une plainte éventuelle : atteinte à la liberté individuelle, injures, menaces, agressions verbales, diffamation, chantage...

Mais qu'aurait valu ma parole contre celle du chasseur et de son garde ?
Consterné par autant de haine, en attendant de libérer ma conscience et contrairement aux injonctions d'un ami magistrat, je décidai d'établir un rapport d'incident, de faire preuve de civisme et de ne pas répandre d'huile sur le feu. En espérant qu'un jour la raison l'emporte sur la passion...

Toxique mais non mortelle, la toujours spectaculaire amanite tue-mouches.

Après les insectes xylophages, les champignons constituent le dernier maillon du processus de recyclage du bois dans la nature ; armillaires.

Affublé de tous les dangers, le sanglier n'agresse que s'il est acculé ou blessé. Autrement, il est assez rusé pour éviter la confrontation avec l'humain.

Tous les sens en éveil, les laies flairent le danger qu'inspire cette forme inhabituelle cachée derrière une souche.

Robe anthracite et la truffe au vent, ce quartenier honore parfaitement l'appellation de bête noire.

Comme chez les hommes, des liens d'amitié peuvent se tisser parmi certains coiffés. Comme ce fut le cas entre ces deux cousins six cors de troisième tête en velours, qu'une balle prématurée a séparés trois mois plus tard !

Sans doute que leur mère avait disparu lors d'une battue, sinon elle les aurait encore menés ; daguet et bichette.

Y a-t-il plus beau tableau que celui offert par une forêt de feuillus en automne ?

Jeune 6 cors de 2e tête séparé de sa mère par le brame.

Encore en velours, ce 6 cors de 4e tête paraît déjà bien armé pour participer au brame.

Il était un des plus beaux fleurons du vallon ; cerf 10 cors de 8e tête qui aurait mérité de vivre une année, voire deux de plus...

Monde d'éclat et de lumière qui ferait presque oublier les drames qui s'y déroulent quand l'homme abandonne son rôle de spectateur pour rompre sans égards les équilibres naturels

Nous étions loin du comportement désintéressé des chasseurs d'antan, de cette aristocratie de jadis aux bonnes manières, qui n'avait point besoin de rentabiliser la chasse pour exister ! Quel triste héritage nous aura laissé sa démocratisation !

Quatre cerfs, immortalisés quelques jours auparavant, fréquentaient le versant pourfendu par le layon. Le plus âgé était un dix cors à empaumures de sixième tête, le plus jeune, un dix cors à enfourchures de troisième.
Beaucoup trop jeunes pour être tirés et sans pour autant mettre en cause le chasseur qui m'avait interpellé, je ne saurai jamais ce qu'ils sont devenus. Avaient-ils franchi le ruisseau où d'autres fusils les attendaient ? Je ne les ai jamais revus... Comme beaucoup d'autres qui, depuis cette année-là, ont mystérieusement disparu dans le massif sans que l'exposition des trophées leur rende un dernier hommage !
Avaient-ils migré vers d'autres horizons, comme d'aucuns se plaisent à l'imaginer ? Difficilement plausible quand on sait combien ces animaux sont marqués par l'empreinte locale, c'est-à-dire attachés au biotope où ils sont nés. Ou, tout simplement, avaient-ils été braconnés dans l'indifférence générale ?

Les cerfs du vallon connaîtront-ils le même sort que ceux de Haslach ? L'« Entité Bruche » qui vient d'être créée en regroupant les forêts domaniales de Haslach, de Lutzelhouse et du Donon, aurait-elle déjà scellé leur sort ?

Vivraient-ils eux aussi leur dernier crépuscule ?

Dimanche, le 24 juillet 2005

Aucune aurore ne réveillera plus le Ried de la Bruche. Jusqu'à quand nos exigences de vie pourront supporter cette frénésie dévastatrice de l'environnement naturel ?
Insidieusement, à l'image de cet arbre squelettique englouti par le crépuscule, nos conditions d'existence ne cessent de se dégrader, malgré une présentation exacerbée de toutes les constellations du bonheur à travers une consommation qui se devrait toujours croissante et qui, dans un délai imminent, sera inéluctablement disproportionnée par rapport aux ressources qu'offre notre planète...

L'auteur devant son affût dans la clairière.

Pour contacter l'auteur :
7, rue des Pins
67560 ROSENWILLER
Tél. 03 88 50 73 57

Indications techniques des prises de vues

Toutes les photos de l'ouvrage sont de l'auteur. Elles ont été réalisées en diapositives couleur Kodachrome 64 ASA et Fujichrome 100 ASA.

Matériel utilisé :

- Trois boîtiers semi-automatiques Minolta SRT 101 (flash synchronisé au 60e)
- Objectifs :

F5,6 : 600mm Rokkor	F2,8 : 135mm Rokkor
F4,5 : 500mm Asahi Pentax	F2,5 : 100mm Rokkor
F4,5 : 300mm Rokkor	F1,4 : 58mm Rokkor
F3,5 : 200mm Rokkor	F3,5 : 28mm Rokkor

- Un jeu de bagues-allonge, deux flashes, deux trépieds, un serre-joint-vrille, deux fusils photographiques, un déclencheur pneumatique de 10 mètres.
- Dix toiles de camouflage, filets, autre matériel d'affût...

Précédentes parutions de Raymond Roth encore disponibles :

Les sentiers sauvages du Mont Sainte-Odile

À travers 170 photos en couleur et un texte pathétique, l'auteur a su allier au témoignage de la pierre celui du vivant trait d'union entre les civilisations disparues et la nôtre : la nature. Rarement traitée dans les ouvrages parus, l'auteur l'a parcourue, explorée, photographiée, et nous révèle aujourd'hui le résultat d'années de travail dans les vergers de Rosheim et de Boersch, le long de l'Ehn, sur les hauts de Klingenthal, aux alentours du monastère, entre le château du Landsberg et les ruines de Truttenhausen, enfin dans un Eden oublié au pied de la montagne, le ried de Goxwiller. Un merveilleux livre de nature, mais également un condensé d'histoire et un guide touristique.

Les hardes du Nideck

Richement illustré de 125 clichés en couleur, tous réalisés dans la nature sauvage, ce journal de fond d'un chasseur photographe, se veut avant tout, par le fidèle témoignage de la richesse faunistique et florale des sommets reliant le Donon au Schneeberg, un bestiaire inédit des Vosges moyennes. Véritable hymne à la nature que Raymond Roth peaufine par une approche des problèmes de préservation des sites, de l'équilibre sylvo-cynégétique, et d'une éventuelle réintroduction d'espèces disparues.

Brèves Rencontres

Véritable message adressé aux générations futures, *Brèves Rencontres* est un pathétique hommage à la nature, merveilleusement illustré de 125 photos en couleurs, toutes réalisées dans les derniers coins de paradis alsaciens. Féerie des saisons que le naturaliste de la vallée de la Bruche, tour à tour poète et philosophe, dépeint avec talent, non sans parfois adopter un ton explosif qui témoigne de son profond attachement au terroir. *Brèves Rencontres* est une longue promenade qui fait vivre au lecteur l'explosion printanière de deux collines sous-vosgiennes, le Rangenberg et le Dreispitz, le sensibilise sur les derniers souffles de vie du ried de la Bruche et des chaumes, enfin, lui dévoile traces, coulées et passées dans une vallée vosgienne préservée. La conclusion du message que porte son ouvrage traduit l'espoir d'un retour aux sources à travers un respect de la nature retrouvé.

La Bruche, ses derniers reflets naturels...

Le titre traduit bien l'amertume de l'auteur que les pérégrinations photographiques ont ramené sur les berges de sa rivière natale, le temps de saisir les ultimes témoignages du riche écosystème qui jadis animait les zones inondables de la basse vallée de la Bruche.
Lotissements, zones industrielles, routes, lignes à haute tension, terrains de loisirs, champs de maïs ont supplanté les belles prairies fleuries, chassé la faune endémique... La réalité est dure et froide, l'avenir incertain. Le reflet de l'évolution d'une civilisation égoïste et dévastatrice que seule une catastrophe pourra freiner !
Aussi, c'est par l'image, à travers 200 photos réalisées entre Molsheim et Strasbourg, que Raymond Roth a choisi de vous livrer les dernières reliques du Ried de la Bruche...

les Petites Vagues
éditions

51, rue du Général De Gaulle
67130 LA BROQUE
Téléphone-fax 03 88 97 27 23
les.petites.vagues@wanadoo.fr

Dépôt légal 4e T 2008
ISBN 978-2-915146-69-1

Maquette : PVE
Imprimé sur les presses de InPrint